FACULTÉ DE DROIT D'AIX

DE

L'ENSEIGNEMENT DU DROIT

CHEZ LES ROMAINS

(AVANT JUSTINIEN)

DISCOURS

PRONONCÉ A LA SÉANCE SOLENNELLE DE RENTRÉE

DE LA CONFÉRENCE PORTALIS

LE 3 DÉCEMBRE 1883

PAR

Edmond FALGAIROLLE

AIX

TYPOGRAPHIE VEUVE REMONDET-AUBIN

COURS MIRABEAU, 53

1883

DE L'ENSEIGNEMENT DU DROIT

CHEZ LES ROMAINS

(AVANT JUSTINIEN)

FACULTÉ DE DROIT D'AIX

DE

L'ENSEIGNEMENT DU DROIT

CHEZ LES ROMAINS

(AVANT JUSTINIEN)

DISCOURS

PRONONCÉ A LA SÉANCE SOLENNELLE DE RENTRÉE

DE LA CONFÉRENCE PORTALIS

LE 3 DÉCEMBRE 1883

PAR

Edmond FALGAIROLLE

AIX

TYPOGRAPHIE VEUVE REMONDET-AUBIN

COURS MIRABEAU, 53

1883

Messieurs,

Chers Amis,

Il me tardait de vous remercier de la confiance que vous m'avez accordée en me désignant pour prononcer le discours de rentrée de la Conférence Portalis. Cette marque d'estime me touche d'autant plus que bon nombre d'entre vous en étaient dignes à plusieurs titres. Cependant, je me reproche presque d'avoir accepté ce périlleux honneur, quand je considère les difficultés du sujet sur lequel mon choix s'est arrêté. Un grand nombre s'offrait à moi, mais j'ai préféré traiter celui qui se rapportait le plus au but et aux travaux de notre Conférence.

L'enseignement du droit à Rome est peu connu,

aussi n'ai-je pas la prétention de vous apporter sur cette matière des idées nouvelles et entièrement personnelles. Je me bornerai seulement à vous faire connaître les renseignements que j'ai puisés, après de longues et pénibles recherches, dans les ouvrages des auteurs.

Ce sujet nouveau et presque inexploré me donne des droits à votre indulgence et me fait espérer que vous me pardonnerez les lacunes nombreuses qu'il emporte avec lui et que je n'ai pu arriver à combler, faute de matériaux suffisants.

Edmond *FALGAIROLLE.*

DE L'ENSEIGNEMENT DU DROIT

CHEZ LES ROMAINS

(AVANT JUSTINIEN)

Les Pontifes furent pendant longtemps les seuls jurisconsultes romains. Le droit, la procédure et la religion
se trouvaient en leur pouvoir. Cicéron, *de Legibus*, dit
qu'à Rome, on ne pouvait être un bon Pontife si l'on ne
connaissait pas le droit. Ce qui revient à dire avec un
éminent publiciste contemporain, que droit et religion
ne faisaient qu'un et que les mêmes hommes étaient à la
fois Pontifes et Jurisconsultes.

Avant la promulgation de la loi des Douze Tables, le
droit n'existait pas à proprement parler à Rome. C'est à
peine si les Pontifes possédaient certains préceptes juridiques qu'ils confondaient le plus souvent avec les règles
religieuses et qu'ils se transmettaient d'âge en âge, dans
le sein des familles privilégiées qui avaient la garde des
mystères de la cité. Ces préceptes étaient de simples formules de la loi réunies en phrases rythmées que l'on
associait parfaitement aux chants sacrés, de là, sans doute,

le nom de *Carmina* que tous les vieux auteurs leur ont donné. Vers l'époque des Décemvirs, d'après Denys d'Halicarnasse, les formules furent écrites et formèrent, avec les chants religieux, des livres sacrés que l'on déposait dans les temples, et que les Pontifes conservaient pieusement à côté des objets précieux consacrés à l'exercice du culte.

Éloigné de toutes les fonctions publiques devenues l'apanage des familles patriciennes, le peuple ignorait même la loi. Cependant, à force de courage, il finit par obtenir la promulgation de la loi des Douze Tables. Une fois rédigée, la loi cessa d'être une tradition religieuse pour devenir l'expression de la volonté de tous, aussi ne fut-elle plus le patrimoine de quelques familles puissantes.

Mais tout en accordant au peuple la connaissance de la loi des Douze Tables, les Patriciens se réservèrent le privilège de l'interprétation des lois. Ils jouirent seuls du monopole de la science juridique qu'ils ne divulguèrent qu'à leurs clients. Souvent ils les aidaient de leurs conseils et de leurs réponses. Leurs consultations, quelquefois écrites, généralement orales, n'étaient pas un enseignement doctrinal. Le droit restait encore un mystère pour le peuple qui ne pouvait atteindre à la connaissance de la liturgie, ni aborder les magistratures et les honneurs. Cette situation se maintint assez longtemps après la promulgation de la loi des Douze Tables.

Bientôt la connaissance du droit se détacha de la religion. L'explication du vrai sens des lois qui avait appartenu environ cent ans au collège des Pontifes, fut enfin abandonnée aux particuliers dont les talents et les connaissances en jurisprudence avaient mérité la confiance publique. Une classe d'hommes intelligents s'occupèrent plus spécialement du droit et se livrèrent à la pratique des affaires. C'est à cette époque qu'apparurent les jurisconsultes. Patriciens et plébéiens s'adonnèrent également à cette profession.

Les jurisconsultes s'assemblaient fréquemment, quelquefois près du temple d'Apollon et ordinairement dans l'auditoire des tribunaux, pour traiter les questions les plus importantes et les plus difficiles du droit. C'est sans doute par allusion au lieu de leurs réunions que Juvénal dit dans une de ses satires : *jurisque peritus Apollo.*

Ils donnaient gratuitement des conseils sur les affaires juridiques à tous ceux qui les leur demandaient. Du jour où la profession de jurisconsulte fut ouverte aux plébéiens, elle devint plus libérale. Les jurisconsultes ne se contentèrent plus de donner des consultations aux plaideurs, ils ouvrirent encore un enseignement du droit en permettant à tous de venir écouter leurs conseils et suivre leurs réponses. Le droit devint alors une science accessible à toutes les classes de la société.

Les jurisconsultes admettaient les jeunes gens à tous les exercices de leur profession. Lorsqu'ils donnaient leur avis sur des questions juridiques, lorsqu'ils indiquaient les formes de procédure à suivre pour bien conduire un procès, lorsqu'ils assistaient en personne leurs clients devant le juge ou le magistrat ou qu'ils rédigeaient des consultations et des traités de droit, les élèves les

écoutaient attentivement, surveillaient leurs réponses et
apprenaient à appliquer les lois qu'ils étudiaient.

Tibérius Coruncanius, plébéien de naissance, mais
revêtu successivement des charges de Censeur, de grand
pontife et de dictateur, fit connaître au public les mystères du droit en ouvrant une véritable école de jurisprudence et en expliquant à tous ceux qui voulaient l'écouter les formules de la loi et les principes du droit. Au
lieu de n'admettre comme ses prédécesseurs que les fils
des familles patriciennes qui comptaient ensuite briguer
une place au collège des Pontifes, il appela à lui tous les
citoyens désireux de suivre ses leçons. Le peuple romain fut, au dire de Pline, si touché de ses bienfaits
qu'il lui éleva une statue sur l'une des places de la ville.

On le voit, la science du droit s'acquérait à Rome à
cette époque, comme en France, au moyen âge, au temps
de la Basoche ; comme aujourd'hui en Angleterre, d'une
manière éminemment pratique. L'étudiant apprenait par
cœur la loi des Douze Tables et étudiait le droit pontifical. Puis il fréquentait très assidûment un jurisconsulte
distingué, s'inspirait de ses réponses et se formait ainsi
à sa carrière future. C'était assurément là une instruction
intime de maître à élève, et non un enseignement théorique donné par un maître de profession touchant des
honoraires.

Dans les derniers temps de la République, l'étude et
l'enseignement du droit furent plus activement suivis.
Des textes relatifs à certains jurisconsultes nous disent
qu'ils s'occupèrent de *instituere* et *instruere* des élèves.
Les auteurs allemands n'ont pas manqué de faire de

nombreux commentaires sur ces deux verbes qui renferment à eux seuls tout l'enseignement du droit. Quelques-uns, se basant sur des textes de Pomponius, prétendent que *instituere* signifie l'instruction méthodique d'arts et de sciences. A leur avis, l'*institutio* était un véritable enseignement doctrinal qui préparait et précédait l'instruction qu'on recevait indirectement en écoutant les réponses données par un jurisconsulte. Les interprétations de certains autres auteurs tendraient à indiquer que *instruere* désignait un enseignement exceptionnel plus complet que le premier.

Quoi qu'il en soit, il résulte de plusieurs textes qu'avant la fin de la République, il y eut à Rome un véritable enseignement du droit. Cet enseignement était théorique. Il serait difficile, en effet, de soutenir le contraire, lorsque l'on sait de source certaine que Balbus Licinius le donna à Servius Sulpicius et Trebatius à Labéon. Mais si l'enseignement du droit était théorique, il ne faudrait pas supposer pour cela qu'il y eût à cette époque des écoles de jurisconsultes comme il y avait déjà des écoles de Rhéteurs. Quelques auteurs l'ont affirmé sans preuves évidentes.

Les élèves se pressaient nombreux et assidus pour entendre les avis et les consultations des jurisconsultes. On les appelait *auditores*. Cette expression indique exactement le rôle qu'ils jouaient auprès de leurs maîtres.

Si la profession de jurisconsulte était gratuite, le zèle de ceux qui l'exerçaient si noblement se trouvait largement récompensé par les succès oratoires des élèves. C'est ainsi que Qn. Scœvola avait eu l'honneur de compter au nombre de ses auditeurs les plus brillants, l'orateur éminent auquel ses compatriotes reconnaissants décernèrent le premier de tous les titres, celui de père de la patrie.

Les jeunes gens qui se destinaient soit au barreau, soit à la profession de jurisconsulte, s'habituaient à l'art de la parole en assistant aux séances des tribunaux et même du Sénat.

Un usage ancien autorisait, en effet, les sénateurs à amener avec eux, au Sénat, leurs jeunes fils couverts de la prétexte. Voici à ce propos une curieuse et amusante anecdote racontée par Aulu-Gelle, d'après Caton, et qui fait honneur à la distinction du jeune Papirius, surnommé *pretextatus*, à cette occasion. Un jour que sa mère insistait auprès de lui de la manière la plus pressante pour savoir quel avait été l'objet de la délibération du Sénat, le jeune homme voulant se débarrasser de ses obsessions, répondit qu'on avait délibéré sur le point de savoir s'il valait mieux donner deux femmes à un mari ou deux maris à une femme. Mais il n'avait pas prévu le résultat de sa fausse confidence.

En effet, le lendemain les matrones romaines, soulevées par la mère de Papirius, entouraient le Sénat en demandant qu'au lieu de donner deux femmes à un seul mari on donnât plutôt deux maris à une seule femme. On devine facilement la stupéfaction des sénateurs auxquels Papirius dut expliquer ce mystère. Depuis lors le Sénat ne permit plus aux fils des sénateurs d'assister aux séances.

Dès le VIe siècle, les jurisconsultes publièrent des

ouvrages de droit, destinés à faciliter l'étude de cette science à ceux qui s'y livraient. Nous pourrions donner les noms des auteurs importants et analyser leurs écrits, mais là n'est pas notre but. Qu'il suffise de citer les jurisconsultes de talent qui suivirent Tiberius Coruncanius. Le consul Sextus Œlianus Pœtus composa un ouvrage qui fut appelé *Tripertita* ou *Jus œlianum*, contenant, en trois parties : la loi des Douze Tables, son interprétation par articles, et les *legis actiones !* M. Porcius Cato Licinianus, que l'on suppose être l'auteur de la fameuse règle Catonienne sur les legs non conditionnels, laissa des livres d'enseignement renommés. Q. Mucius Scœvola, fils du grand pontife Publius, devint consul et grand pontife comme son père. Il connaissait à fond la science du droit dont il écrivit les principes. Son ouvrage sur le *Jus civile* est le premier ouvrage didactique sur le droit que l'on connaisse.

Le rôle des jurisconsultes et la science du droit ne firent que grandir lorsque l'Empire succéda à la République romaine. C'est précisément l'époque où Rome devient lettrée et érudite. Poëtes, littérateurs, philosophes, historiens, tous concourent au développement intellectuel de la patrie. L'enseignement du droit est dans son entier épanouissement. Les jurisconsultes voient, avec un rare bonheur, cette science grandir chaque jour. Eux-mêmes deviennent de plus en plus puissants et leur popularité va jusqu'à porter ombrage aux Empereurs.

Dès le règne d'Auguste, parurent de véritables professeurs de droit. Ulpien les appelle : *juris civilis professores*, Modestin : *legum doctores* ou *docentes*. L'enseignement pratique n'existait déjà plus comme autrefois. La théorie était presque seule enseignée par des hommes qui faisaient profession d'instruire les autres. Ce n'était plus aussi dans le cercle des plaideurs ou dans le vestibule des maisons que le droit était désormais enseigné. C'était publiquement et dans des écoles spéciales, semblables à celles où les Rhéteurs professaient la philosophie, l'éloquence et la rhétorique.

La science du droit avait maintenant ses représentants et des écoles commençaient à ouvrir leurs portes. Ulpien et Modestin prétendent qu'elles étaient nombreuses aux temps des Antonins. Cependant, il nous est permis, à l'aide de plusieurs textes, d'assurer leur existence à une époque antérieure aux règnes d'Auguste et de Tibère. On ne reconnaissait pas encore officiellement les professeurs de droit. Ulpien nous dit quelque part qu'on leur refusait même de réclamer en justice leurs honoraires, sous prétexte que la sainteté de cette science leur défendait de faire un trafic de leur profession.

Un auteur allemand, Puchta, place très bas dans l'échelle sociale les professeurs de droit de l'époque classique et les sépare complètement de l'élite des jurisconsultes. C'est assurément aller trop loin que d'établir une démarcation si tranchée entre les jurisconsultes proprement dits et les professeurs de droit. Pour quelques auteurs, il aurait existé une différence notable entre la science du droit et ce qu'ils appellent des teneurs d'école, et à l'appui de leurs assertions peu justifiées, à notre humble avis, ils soutiennent que les jurisconsultes furent de tout temps entourés de considération tandis que les professeurs de droit vécurent dans l'oubli et formèrent une classe presque méprisée. Nous ne pensons pas que cette opinion puisse prévaloir, et nous préférons encore admettre avec Ulpien que jurisconsultes et professeurs furent également honorés de la confiance et de l'estime de tous.

D'ailleurs, Puchta reconnaît lui-même que les jurisconsultes les plus distingués ne se faisaient point scrupule d'écrire des ouvrages de droit à l'usage des commençants. Comment donc, si l'opinion première de cet auteur est exacte, un jurisconsulte qui se croyait trop haut placé pour professer lui-même, aurait-il pu cependant ne pas croire indigne de lui de composer des ouvrages destinés à servir de base à l'enseignement du droit? Il vaut mieux, croyons-nous, s'en tenir à l'interprétation naturelle des textes d'Ulpien. On ne comprend pas non plus pourquoi, au dire de Puchta, les jurisconsultes auraient déserté, sous l'Empire, l'enseignement dans lequel s'étaient illustrés leurs devanciers.

Le même auteur ne nous paraît pas encore se trouver sur le terrain de la vérité lorsqu'il affirme que les écoles ne faisaient que distribuer un enseignement préliminaire à l'époque classique. Nous aimons mieux nous ranger à l'avis de certains commentateurs qui pensent que la sphère d'activité des écoles était très vaste et ne se bornait nullement à un enseignement préparatoire à la fréquentation pratique d'un jurisconsulte.

Le texte seul, capable de nous renseigner sur les écoles de l'époque classique, est un passage des *Nuits Attiques* d'Aulu-Gelle. L'auteur reconnaît que l'enseignement du droit avait lieu publiquement dans des écoles ouvertes à tout le monde et appelées généralement *Stationes*. C'étaient des établissements publics où les professeurs s'occupaient de l'enseignement du droit en présence d'un auditoire toujours nombreux. Suétone donne à ces écoles le nom de *Auditoria*, quelques auteurs lui préfèrent celui de *Scholæ*. De notre côté, nous admettons volontiers l'expression d'Aulu-Gelle et nous distinguons avec lui deux espèces de *Stationes*.

Dans les unes, les professeurs, *jus publice docebant ;* dans les autres, *jus publice respondebant*. Les premières étaient donc des *Stationes docentium* et les autres des *Stationes respondentium*.

Dans les *Stationes docentium*, les professeurs distribuaient méthodiquement un enseignement théorique et abstrait. Le maître seul portait la parole devant un auditoire restreint et déterminé. Un public studieux venait en outre assidûment s'instruire dans la science du droit.

Dans les *Stationes respondentium*, au contraire, on débattait et résolvait les questions soulevées par la pratique. Le programme n'avait rien de fixe ; aussi le public de ces *Stationes* variait-il sans cesse et se trouvait-il toujours plus nombreux que dans les *Stationes docentium*. Il se composait souvent de citoyens étrangers au droit qui venaient chercher dans ces écoles les conseils des jurisconsultes et prendre part aux débats. Aulu-Gelle nous montre que dans ces *Stationes,* il y avait de véritables discussions, des *disputationes*, comme celles des rhéteurs. Lorsqu'une question de droit se posait, elle donnaît lieu immédiatement à de grands débats quelquefois très animés et clos seulement par une ou plusieurs réponses du maître.

Il y a lieu de croire que ces écoles étaient fréquentées principalement par des élèves déjà formés à l'étude du droit. On doit admettre aussi que les mêmes jurisconsultes étaient à la fois *docentes et respondentes*, qu'ils se livraient à l'enseignement didactique à certaines heures et à la pratique des affaires, à d'autres heures.

Certains auteurs se sont livrés à de grandes conjectures pour savoir quel pouvait être au juste l'enseignement des docentes, quelles connaissances devaient apporter les élèves qui désiraient suivre leurs leçons, à quel nombre ils s'élevaient d'habitude et combien d'heures d'étude les retenaient chaque jour? D'autres ont cherché à connaître quelle était la durée des examens et de quelle façon on les subissait.

Il est assurément très difficile de répondre à ces diverses questions d'une manière positive, car les documents qui pourraient nous éclairer sur cette matière et nous fournir des renseignements, manquent complètement.

Cicéron, dans son *de Oratore*, nous dit que l'on appelait *Opus*, l'ensemble des matières professées par les docentes, et que ces matières comprenaient probablement le droit public, le droit civil, comme paraît l'indiquer Pomponius. Cicéron ajoute encore que le droit pontifical était entièrement délaissé. Les leçons portaient surtout sur l'édit prétorien.

En ce qui concerne la durée de l'année scolaire, nous

supposons qu'elle ne dépassait jamais la fin du mois de
juin. Avec le mois de juillet, en effet, commençait la pé-
riode des fêtes. Aux feriæ messium du mois d'août suc-
cédaient les feriæ vendemiarum en septembre ou en
octobre. Comment admettre que cette époque ne fût pas
la meilleure pour les vacances, lorsque Martial, dans ses
Epigrammes, nous indique que les tribunaux ne sié-
geaient plus, que les écoles fermaient leurs portes et que
tout le monde désertait la ville pour se retirer à la cam-
pagne ! En novembre et en décembre, le chômage avait
lieu dans les tribunaux. Les Saturnales et les fêtes de la
victoire entraînaient alors les citoyens aux amusements
les plus divers, à la joie et aux festins. Les affaires pri-
vées et publiques demeuraient entièrement suspendues.
Les procès traînaient en longueur jusqu'au mois de janvier.

D'après cela on peut conclure que l'année scolaire, aux
temps classiques, n'était, à vrai dire, que d'un semestre
durant, de janvier à juillet, ce qui s'accorde parfaitement
avec un texte relatif à Labéon : « Sex mensibus cum
studiosis erat, sex mensibus libris conscribendis operam
dabat. »

Les ouvrages que possédaient à cette époque les étudiants commençaient déjà à être nombreux. Servius Sulpicius avait publié certains traités élémentaires sur les
édits prétoriens. Dans les *Stationes docentium*, on se
servait des *Institutiones*, traités qui donnaient un aperçu
de tout le droit civil. D'autres livres didactiques intitulés
Regulæ, Definitiones, Sententiæ se trouvaient entre
les mains des élèves. Telles étaient les sources abondan-

tes auxquelles puisaient les jeunes gens épris du vif désir
d'approfondir la science juridique afin d'être aptes plus
tard à aborder les débats du forum.

Nous ignorons complètement la méthode d'enseignement et la manière dont les professeurs faisaient leurs
leçons. Nous savons cependant que l'objet des cours
n'avait rien de fixe ni de déterminé. Les professeurs
pouvaient traiter avec la plus grande liberté les parties
de l'édit qui s'adaptaient le mieux à leur enseignement.
Cela dura jusqu'aux temps du Bas-Empire.

En ce qui concerne les cours, il faut remarquer qu'ils
étaient très soignés sous le rapport de la forme. Les jurisconsultes de l'époque classique comme au règne des
Sévère se distinguèrent toujours, malgré les assertions
contraires de quelques commentateurs, par leurs qualités
littéraires.

Hugo fait un portrait très approfondi et très complet
des jurisconsultes de l'époque classique. Il n'hésite pas à
les placer sur la liste des grands écrivains de l'âge d'or.
« Ils écrivaient, dit-il, parfaitement le latin. Ils étaient,
en effet, les hommes les plus instruits de la Rome impériale ; leur science y était de plus indigène et non impor-
tée de la Grèce ; et comme ils étaient naturellement attachés aux anciennes traditions, leur langue se distinguait
de celle manifestement en décadence de leurs contem-
porains. »

Pour arriver à cet éclat littéraire, les professeurs ne se
livraient jamais à une simple improvisation. Ils prépa-
raient toujours leurs matières à l'avance, les rédigeaient
peut-être et prenaient cette rédaction pour base de leurs

leçons. C'est ainsi qu'aurait fait Gaius, d'après une monographie récemment publiée en Allemagne par M. Dernburg, savant professeur de l'Université, dans laquelle l'auteur essaie de démontrer que les instituts de Gaius ne sont autre chose que la publication de ses cours, tels qu'ils les avait rédigés lui-même avant de les exposer à ses élèves et qu'ils ne sont point un traité de droit proprement dit. Il est très intéressant de voir sur quelles données M. Dernburg fonde son opinion et nous nous croyons obligés par la singularité de ses arguments, d'en faire connaître quelques-uns dans cette courte étude.

Un traité didactique doit, d'àprès M. Dernburg, servir à combler les lacunes de l'enseignement. L'harmonie, l'égalité sont donc les premières qualités d'un tel ouvrage. Mais, dit-il, les instituts de Gaius ne répondent point à cette question, car certaines matières ont de très grands développements, tandis que d'autres sont écourtées et à peine indiquées. Ce qui appuie considérablement cet argument puissant, c'est la répétition incessante de quelques questions importantes que Gaius avait d'abord expliquées et sur lesquelles il donne à plusieurs reprises de nouveaux développements. Ces omissions, ces répétitions sont de nature à nous faire conclure, avec M. Dernburg, que les instituts de Gaius ne sont qu'une rédaction de cours et non un ouvrage didactique. Gaius est trop préoccupé de faire connaître à ses élèves ses idées nouvelles qui annulent presque les précédentes. D'ailleurs le fait de répéter constamment la même idée sous plusieurs formes différentes, prouve également que ses instituts sont l'œuvre d'un professeur qui ne compte point sur la mémoire de ses élèves.

Telle est en résumé l'argumentation sérieuse de
M. Dernburg qui rend l'hypothèse qu'il soutient très
plausible, mais qui ne l'élève pas au rang des faits certains. Nous avons tenu cependant à l'analyser afin de
vous en montrer toute la valeur.

L'étudiant romain, comme nous l'avons vu précédem-
ment, passait de la théorie à la pratique, de l'école des
docentes à celle des respondentes. Dans cette dernière
il apprenait à parler correctement la langue juridique et
à disputer sur des débats difficiles et parfois délicats. Les
étudiants s'habituaient encore dans les *Stationes respondentium* à exprimer leur opinion personnelle sur un
sujet controversé. Ces exercices devaient être très utiles
à ceux qui désiraient prendre la parole en public ; aussi
voyons-nous des orateurs illustres de l'Empire, venir
s'exercer dans ces écoles, à l'art de bien dire et à la con-
troverse.

Et à ce sujet qu'il me soit permis d'exprimer le regret
que dans toutes les Facultés de l'Etat on n'ait pas encore
imité le système romain. L'Angleterre le pratique depuis
longtemps et dans ses écoles de droit, l'étudiant suit la
méthode à laquelle je faisais allusion. La Faculté d'Aix a
compris de quelle utilité étaient les conférences pour les
étudiants, aussi devons-nous des éloges et un impérissa-
ble souvenir aux fondateurs de notre Conférence Portalis. N'est-elle pas, en quelque sorte, une petite *Statio*,
où chacun discute librement sur un texte de loi ou sur
une question controversée et diversement appréciée par
nos maîtres ! N'est-ce pas encore dans cette modeste
Conférence, à laquelle nous sommes fiers d'appartenir,

que la plupart de ceux que nous voyons acquérir la célébrité dans le barreau et occuper les plus hautes fonctions de la magistrature, ont puisé les premiers éléments de l'art de la parole? Leurs succès demeureront pour nous de précieux et nobles encouragements ; nos efforts et nos désirs tendront à suivre leurs glorieuses traces et notre préoccupation la plus chère sera de conserver longtemps à notre Conférence l'éclat dont elle brille]depuis plus de vingt-cinq années.

Les *disputationes* avaient lieu, ainsi que les leçons des *docentium*, dans des *auditoria publica*. Ce mot se rapporte directement à une salle publique comme celles que possédaient les rhéteurs pour leur enseignement. Lorsque les Empereurs offrirent des lieux de réunion aux rhéteurs et aux grammairiens, lorsque Adrien fonda à Rome son Athenæum, il dut être également question de l'enseignement du droit et des écoles furent sans nul doute affectées à cette science.

Du reste, l'existence des écoles est attestée par Aulu-Gelle. Philostrate, dans sa Vie d'Apollonius de Tyane, cite même un habitant de Messène en Arcadie, qui, au temps de Néron, envoya son fils à Rome pour fréquenter les écoles de droit.

Les *Stationes* de Rome paraissent avoir été établies à proximité des bibliothèques publiques, dont le nombre, sous les empereurs, devait être considérable, puisque des auteurs en comptent vingt-huit. On les installait ordinairement dans les temples, où des employés spéciaux étaient affectés à leur garde. Vespasien en établit une dans le temple de là Paix. Adrien fonda une biblio-

théque au Capitole, ce qui a fait supposer à un auteur
qu'il y avait aussi une école de droit.

Constamment ouvertes au public, remplies d'ouvrages
littéraires et juridiques, les bibliothèques fournissaient
aux étudiants et aux professeurs eux-mêmes l'occasion
de s'instruire gratuitement. On a prétendu à l'aide de
certains textes qu'il existait à Rome un quartier de jurisconsultes. L'éminent professeur M. Dernburg, que nous
avons déjà cité, se livre à ce sujet à des hypothèses infi-
nies. Il commente l'expression de Juvénal « *jurisque
peritus Apollo* » et finit par conclure qu'Apollon est
étranger au droit. C'est Horace, d'après lui, qui fournit
l'indication exacte du temple d'Apollon dans sa célè-
bre satire de l'importun que nous reproduisons volontiers.

Horace se promène sur la Voie Sacrée lorsque son
garrulus l'empoigne et s'attache à ses pas ; le poëte,
pour s'en débarrasser, allègue une course fort longue
au-delà du Tibre, près des jardins de César ; le bavard
persiste néanmoins à l'accompagner, et le poëte, pris
dans son propre filet, est obligé de supporter ses impor-
tunités. C'est ainsi qu'ils passent près du temple de
Vesta : à ce moment, Horace espère être délivré, parce
que son interlocuteur a affaire devant le tribunal au pré-
teur du Comitium situé le long de la Sacra Via, au pied
du Capitole. Mais comme il refuse d'attendre un instant,
le fâcheux s'écrie qu'il préfère perdre son procès que de
laisser aller Horace. Ils quittent donc ensemble la Voie
Sacrée, tournent à gauche le coin du mont Palatin, et
s'engagent, pour gagner le Tibre, dans le quartier com-

merçant, le Vicus Tuscus. C'est là qu'ils rencontrent
l'ami malicieux qui s'amuse à railler l'infortune d'Horace
et s'en va le laissant le couteau sur la gorge. Horace et le
bavard continuent donc leur route vers le Tibre. La porte
Trigemina, par laquelle on arrivait au Tibre, et le pont
Publicius, qui menait aux jardins de César, n'étaient pas
encore en vue (car Horace n'eût pas manqué de le dire,
puisque c'était là le but de la course qu'il avait prétex-
tée), lorsque le poëte est soudain délivré par Apollon.
Le créancier du fâcheux vient à leur rencontre, saisit ce
dernier, l'entraîne, crie à toute voix, ameute la foule, en
atteste Horace, et ce dernier de s'écrier : « sic me ser-
vavit Apollo. »

Après cette anecdote M. Dernburg conclut que le temple d'Apollon se trouvait entre le Vicus Tuscus et la porte
Trigemina. C'est donc là aussi que se trouvait le centre
juridique. Mais hâtons-nous de constater que ni l'empla-
cement du temple d'Apollon, ni le quartier des jurisconsultes ne paraissent être exactement démontrés, quoi-
qu'en dise M. Dernburg.

La liberté de l'enseignement était complète. Aucune
condition ne fut exigée des jurisconsultes pour qu'ils
pussent enseigner le droit. Quiconque avait le goût et
possédait des connaissances suffisantes pouvait librement
s'installer comme *docens* ou *respondens*. Avant d'exercer sa profession, il n'avait qu'à faire une simple déclaration à l'autorité compétente, et encore, s'il l'oubliait,
on ne lui retirait pas sa profession.

Les professeurs de Rome à l'exception de ceux des
provinces jouissaient de la dispense de la tutelle et de

curatelle. Modestin l'affirme dans ses *Excusationes*.
Plusieurs auteurs admettent entièrement cette opinion et
considèrent que l'enseignement public était un service
suffisant, rendu à la cité, pour être dispensé de la tutelle
et de la curatelle. Quelques manuscrits feraient supposer
que les professeurs de droit furent encore dispensés de
toutes les fonctions et charges civiles. Ce point vivement
controversé par beaucoup d'auteurs ne nous paraît pas
très certain.

Cette immunité des charges publiques « munera »,
qu'il ne faut pas confondre avec les dignités publiques
« honores » (bien qu'on voie parfois une charge réunie
à un honneur, comme par exemple dans la fonction de
décurion), confirmée plus tard par Honorius et Arcadius,
était très importante, puisqu'elle s'étendait à la famille
du professeur et que, d'autre part, les charges publiques
étaient fort nombreuses.

La participation des professeurs à la pratique des affaires n'empêcha pas que l'enseignement ne fût la prin-
cipale branche de leur activité. C'est précisément ce qui
distingue l'enseignement du droit sous les Empereurs de
ce qu'il avait été dans les temps anciens. Les professeurs
reçoivent maintenant des honoraires des élèves et non de
l'Etat. Quelques auteurs, en petit nombre il est vrai, ont
voulu prétendre qu'à l'époque classique les professeurs
touchaient déjà un traitement de l'Etat.

Nous croyons devoir affirmer le contraire par la seule
raison qu'aucun des textes qui parlent des traitements
des professeurs, ne mentionne les professeurs de droit.
C'étaient donc les élèves seuls qui rétribuaient leurs maî-

tres. Et d'ailleurs n'avons-nous pas déjà constaté que la science du droit était une chose si sainte qu'elle ne permettait pas à ceux qui l'enseignaient de poursuivre en justice le paiement de leurs honoraires.

Le nom d'*auditores* donné aux étudiants au temps de la République est désormais remplacé par celui de *studiosi*. Nous ne savons pas grand chose sur le rôle qu'ils exerçaient. Il nous serait aussi difficile de dire quelles étaient les connaissances exigées au moment de l'entrée de l'élève à l'école. Avait-il à écrire, à parler pendant les heures de cours, ou bien se bornait-il à écouter les leçons du *docens*, c'est ce que nous ignorons entièrement.

Nos textes à peu près tous muets sur ces divers points nous permettent toutefois d'affirmer que depuis les Antonins au moins les étudiants participaient aux immunités dont jouissaient les professeurs et cette faveur était accordée non seulement aux étudiants qui habitaient Rome, mais encore à ceux des provinces. Tous pouvaient être dispensés d'accepter des tutelles, des curatelles ou des charges publiques. Il y avait cependant quelques rares exceptions. Ainsi pour les étudiants de l'école de Béryte, la dispense n'était pas absolue. On ne l'accordait qu'à ceux qui étaient âgés de moins de vingt-cinq ans.

Pour jouir des immunités indiquées, l'étudiant devait, à l'exemple de ses maîtres, se déclarer auprès de l'autorité compétente. Cette déclaration portait le nom de *professio*, d'où la conclusion donnée par Spartien sur Papinien « cum Severo sub Scævola professum esse. »

A propos des *studiosi*, on peut ajouter qu'ils ne se bornaient pas à assister aux leçons des *docentes*. Ils se livraient encore à l'étude et à la lecture d'ouvrages de droit. En fréquentant les *Stationes respondentium*, en prenant part aux *disputationes* qui y avaient lieu et en écoutant les réponses des jurisconsultes, ils s'initiaient de bonne heure à la pratique des affaires. De plus, ceux qui se faisaient remarquer par leur activité et leur intelligence étaient chargés de rédiger des actes, des formules et des réponses écrites. Quelquefois aussi, pour compléter leur instruction juridique, ils assistaient de leurs connaissances les magistrats ou les juges. On les appelait alors *assessores* ou *consiliarii*. C'était assurément pour eux une excellente préparation aux hautes fonctions de l'Etat.

Chaque magistrat ayant pouvoir judiciaire au IIIe siècle, devait avoir autour de lui un ou plusieurs assesseurs. La même obligation existait pour les préteurs, les consuls, les gouverneurs de province et les préfets du prétoire. Les attributions des assesseurs étaient déterminées par Paul dans un livre s'occupant spécialement d'eux : *liber singularis de officio assessorum*.

L'assesseur assistait donc le magistrat dans ses audiences, pour la rédaction des actes et des formules. Il lui donnait en outre des avis d'après lesquels le magistrat rendait sa décision.

L'influence des assesseurs était tellement grande que beaucoup de plaideurs leur confiaient leurs intérêts. Paul nous fait remarquer qu'il n'était pas naturel qu'un assesseur pût se charger comme avocat d'une affaire destinée à paraître devant la juridiction du magistrat qu'il assistait de ses conseils. Ce cumul des deux fonctions dura longtemps à Rome. Enfin, Justinien, effrayé des abus nombreux qui se commettaient, défendit d'une façon absolue aux assesseurs d'être avocats pendant la durée de leurs fonctions auprès des juges ou des magistrats.

Presque tous les jurisconsultes célèbres passèrent par le professorat. Nous avons déjà mentionné Labéon, jurisconsulte renommé qui fit de l'enseignement sa plus grande et sa plus agréable occupation. Pendant les six premiers mois de l'année il étudiait les ouvrages de droit, écrivait des traités destinés à ses élèves et interprétait les lois. Pomponius affirme qu'il écrivit près de 400 volumes, *quadringenta volumina*. Ce chiffre paraît élevé et impossible à atteindre ; mais n'oublions pas que les volumes auxquels cet auteur fait allusion se composaient de simples rouleaux de parchemin. Labéon devint le chef de l'école Proculienne. Il réformait le droit en le fondant sur les principes généraux de la justice.

Un autre jurisconsulte de talent et professeur brillant figure à la même place que Labéon, c'est Capiton. Capiton fonda l'école Sabinienne à la tête de laquelle il brilla du plus vif éclat. Avocat distingué, il plaida longtemps les causes les plus difficiles et les moins recherchées. Il se livra ensuite à l'enseignement du droit et à l'étude de cette science, sur laquelle il composa une infinité d'ouvrages consultés souvent par les étudiants.

Nous ne pensons pas devoir nous appesantir davantage sur ces deux écoles si connues de tout le monde. En parlant de leurs fondateurs respectifs, nous les avons suffisamment signalées à votre attention pour que nous puissions nous dispenser de citer les noms de leurs disciples.

Le droit se répandit tellement à Rome et dans les provinces que les écoles de la capitale ne suffirent bientôt plus. Les villes des provinces pressentirent alors les bienfaits de l'enseignement du droit et construisirent des *Stationes jus publice docentium aut respondentium.* Des professeurs de mérite et déjà vieillis dans l'enseignement firent suivre aux étudiants provinciaux le même programme d'études qu'à Rome. Quelques auteurs ont cru trouver une différence entre les attributions des professeurs de droit à Rome et ceux des provinces. Ils se basent seulement sur la dispense de tutelle dont jouissaient les professeurs à Rome et à laquelle étaient soumis les autres. Cette prérogative ne prouve pas que leur enseignement différât beaucoup. Fronton nous dit dans une lettre écrite à un de ses amis que l'enseignement du droit en province est absolument le même qu'à Rome et il ajoute encore que des professeurs illustres par leur savoir et leur science juridique enseignent le droit dans certaines villes de peu d'importance.

Les principales écoles provinciales furent sans contredit celles de Béryte, fondée par Auguste, d'Alexandrie en Egypte, de Césarée en Cappadoce et d'Athènes. Les quelques renseignements que nous possédons sur l'école de Béryte nous permettent de présumer de son importance et de sa célébrité, attestées d'ailleurs par Libanius et Léontius. Ce dernier était un professeur de cette école. Justinien le cite comme un haut dignitaire de l'Etat. Le même auteur ajoute dans sa constitution *Omnem*, en parlant de Béryte : « Pulcherrima civitas quam et legum nutricem bene quis appellet. » La ville de Béryte souffrit d'un tremblement de terre, puis d'un incendie ; aussi son école de droit en 554 n'existait déjà plus. Transférée à Sidon, elle vécut encore jusqu'en l'année 634.

Nous avons peu de détails sur les écoles d'Alexandrie et de Césarée. De l'école d'Athènes, nous ne connaissons que son existence. Il est certain que d'autres écoles existaient en plus grand nombre dans les provinces. Les professeurs qui enseignaient le droit à Rome débutaient souvent en province, surtout ceux qui en étaient originaires. Ulpien, qui était né à Tyr, nous dit dans plusieurs textes qu'il enseigna le droit en province. Papinien rédigea presque tous ses écrits en vue des affaires provinciales et composa même un ouvrage en langue grecque. Quelques auteurs prétendent que c'est à Béryte qu'il donna son premier enseignement, d'autres affirment que c'est en Syrie, sa patrie.

A côté de l'enseignement du droit de l'époque classique vint se placer, aux temps du Bas-Empire, un enseignement officiel distribué par des maîtres nommés et payés par l'autorité dans des écoles publiques impériales. Toutes les probabilités tendent à faire supposer que Rome eut avant Constantinople une école publique impériale où se faisaient les *studia liberalia*.

En l'an 425 fut fondée l'école de Constantinople. La constitution qui organise cette école débute par des prohibitions. Défense est faite à toutes personnes autres que les professeurs publics enseignant dans les écoles impériales, de se vouer à l'instruction des étudiants, si ce n'est dans leur propre demeure et à huis clos. Si elles n'obéissent pas à la constitution elles sont notées d'infamie et expulsées de la ville qu'elles habitent. Seuls, les professeurs qui enseignent dans l'école impériale, sont reconnus et payés par l'Etat.

La constitution de l'école de Constantinople prescrit encore que dix grammairiens et trois rhéteurs doivent être affectés à l'enseignement de l'éloquence romaine. Elle ajoute que dix grammairiens et cinq sophistes professeront la littérature grecque. Enfin, deux professeurs, *qui juris ac legum formulas pandant* seront attachés au service de l'école.

L'*auditorium* des *Studia liberalia* était établi sous les portiques du Capitole. Dans les mêmes bâtiments se trouvaient des bibliothèques grecques et latines qui étaient à la disposition des étudiants. Sept conservateurs appelés *antiquarii* étaient préposés à leur garde. Les professeurs, d'après la constitution, devaient se livrer uniquement à l'enseignement public du droit. Il leur était expressément défendu de donner des leçons particulières, sous peine de déchéance.

Grâce à la constitution de Constantin publiée vers l'an 321, les professeurs jouissaient, ainsi que nous l'avons déjà vu, de plusieurs dispenses. Elle leur assurait également une protection efficace contre les injures ou vexations dont ils seraient l'objet. Des peines sévères étaient édictées contre les coupables. Les professeurs de droit pouvaient obtenir la *comitiva*, dignité de *comes*, ordre honorifique, lorsqu'ils avaient enseigné pendant 25 ans

dans l'*auditorio professorum* et que l'autorité cómpé-
tente les avaient nommés.

Maintenant que l'enseignement du droit est officiel et
que les professeurs sont reconnus et payés par l'Etat, des
conditions sont exigées pour le professorat. Le Sénat
nomme lui-même les professeurs après avoir examiné
leur moralité et s'être assuré qu'ils possèdent certaines
connaissances. L'empereur approuve la nomination pour
montrer qu'il s'occupe du corps enseignant et qu'il pré-
side à la bonne administration des écoles.

Malgré toutes ces formalités aucun écrit ne peut nous
faire connaître les noms des professeurs qui furent choi-
sis par l'autorité, à l'époque antérieure à Justinien, pour
enseigner le droit dans les écoles impériales. Léontius
est peut-être le seul professeur connu qui soit passé à la
postérité. Théodose lui conféra la *comitiva primi ordi-
nis* et l'honora toujours de sa confiance. Cet empereur
aimait à s'attacher tous les hommes de valeur et de mérite.

Cependant, après avoir brillé d'un très vif éclat, le
professorat décroît considérablement. Cette profession
respectable et respectée subit une décadence regrettable.
Bientôt disparaissent les sommités de l'enseignement, les
brillants jurisconsultes, les magistrats, les juges, pour
faire place à des incapables. L'enseignement du droit
n'est pas donné comme autrefois, l'ère de ses grandeurs
est déjà terminée, il n'a plus que l'ombre d'un passé
glorieux. Les étudiants eux-mêmes ne vivent que des
souvenirs et des écrits de l'époque classique. Des hommes sans savoir, sans originalité, se bornent à copier les

leçons de leurs devanciers et les expliquent à leurs élèves.

Les causes de la décadence du droit à cette époque
découlent naturellement de la décadence universelle dans
laquelle la morale, les traditions, l'autorité du maître,
les institutions et la religion semblaient disparaître. La
proclamation du christianisme, comme religion d'Etat,
opposait déjà la théologie au droit. Les constitutions impériales prodiguées à l'excès sur le droit civil, entourè-
rent cette science des ténèbres les plus épaisses. Il suffit
pour s'en convaincre d'examiner le programme des études avant Justinien.

L'étude du droit dans les écoles publiques de l'Etat
comprenait quatre années. La première était consacrée
en partie à l'étude des institutes de Gaius et complétée
ensuite par les quatre premiers livres de l'édit prétorien.
Il ne faudrait pas croire pourtant que les institutes de
Gaius furent enseignées dans leur intégrité et leur au-
thenticité. Les professeurs en faisaient des résumés qu'ils
divisaient en deux livres principaux et auxquels ils donnaient le nom d'*Epitome Gaii*. C'était une méthode
élémentaire, utile et spéciale aux études juridiques à
cause de sa simplicité. Les étudiants de la première année
portaient le nom de *Dupondii*, expression de la plus
grande trivialité que l'on appliquait aux choses nulles et
sans valeur. Les auteurs ont généralement pensé qu'elle
convenait parfaitement aux étudiants de la première
année, par la seule raison que leur bagage juridique
était peu chargé et que leurs aptitudes pour cette science
ne pouvaient encore avoir acquis un grand développement.

Une fois formés aux principes du droit, les étudiants apprenaient, pendant la seconde année, l'édit prétorien. Les professeurs expliquaient aux cours de la troisième année les livres des *Réponses* de Papinien et les élèves, que l'on appelait par motif d'émulation *Papinianistes*, célébraient toujours au commencement de cette année, une fête en l'honneur du plus illustre jurisconsulte de l'antiquité.

Bien que l'enseignement comprit régulièrement quatre années, on pouvait néanmoins le considérer comme terminé à la fin de la troisième. Les étudiants étaient loin de rester inactifs à leur sortie des écoles. Ils complétaient leur instruction juridique par une quatrième année de travail personnel. Ils étudiaient seuls et sans maîtres les ouvrages du jurisconsulte Paul. Leur assiduité au travail et leur persévérance dans la carrière juridique leur valurent le surnom de *Lytæ*.

Nous voudrions faire un portrait exact et complet de l'étudiant romain, vous retracer les originalités de son caractère, ses saillies d'esprit, les côtés intéressants de son existence. Mais ce domaine, si largement exploré quand il s'agit de l'étudiant français, ne peut être parcouru par celui qui recherche de quelle manière vivait l'étudiant romain, quels étaient ses amusements, ses distractions habituelles, ses lieux de réunion. On se trouve en face du néant. Aucun écrit capable de nous éclairer sur ce point intéressant ne s'offre à nous. Les auteurs sont tous muets et aucun des commentateurs n'a pu encore dissiper l'obscurité qui règne sur cette matière.

Dès sa rentrée à l'école de droit, l'étudiant était obligé

par les règlements de produire devant le magistrat du
Cens un certificat émanant des juges de la province d'où
il était originaire. Ce certificat devait mentionner son lieu
de naissance, ses noms et prénoms, les noms, profession
et dignités de ses parents. Après avoir rempli cette première formalité, la plus importante de toutes, l'étudiant
indiquait ensuite les personnes chez lesquelles il comp-
tait se fixer. L'administration tenait beaucoup à cette
formalité qui lui permettait d'exercer une surveillance
active sur les élèves et de les soumettre à une discipline
rigoureuse et à une police quelquefois très sévère. Elle
leur défendait de fréquenter les réunions tumultueuses,
sous prétexte qu'elles ne convenaient pas à la dignité de
leur profession, d'assister trop souvent au spectacle et
surtout de rechercher les liaisons dangereuses.

Ces défenses étaient plus que des recommandations ou
des conseils amicaux. La répression suivait d'habitude la
négligence à suivre les recommandations faites. Les *Cen-
suales* punissaient sévèrement les coupables, les faisaient
battre quelquefois de verges, puis les embarquaient aussi-
tôt et les renvoyaient dans leur pays.

Un étudiant, d'après Ulpien, se rendait coupable du
délit d'injures, lorsqu'il s'attachait trop vivement à suivre les pas d'une personne, même en silence, lorsqu'il
appelait, invitait ou provoquait des jeunes filles par des
paroles flatteuses et caressantes. Le même délit lui était
reproché s'il séparait les jeunes filles des personnes char-
gées de les accompagner.

Ces quelques détails indiquent suffisamment le degré
moral que devaient atteindre les étudiants d'après les rè-

glements scolaires. C'est grâce à ces mesures un peu ri-
goureuses qu'on parvint à les retenir à l'étude et à les
diriger dans la voie du devoir. Rome posséda longtemps
des écoles de droit dont la renommée était universelle,
tant à cause de la pureté de leurs mœurs et la tranquil-
lité de ses élèves que de la capacité et du savoir de leurs
professeurs.

Les empereurs étaient enfin devenus soucieux des intérêts des étudiants. Ils aimaient que les élèves commen-
çassent de bonne heure leurs études et qu'ils les condui-
sissent rapidement à bonne fin. Ils tenaient si peu aux
étudiants de profession que Valentinien ordonna à l'autorité préfectorale de reconduire chez eux les étudiants
qui auraient dépassé l'âge de vingt-cinq ans.

Lorsque Justinien arriva au pouvoir, il réforma l'enseignement et augmenta le programme des études qui
devinrent assurément plus complètes qu'elles ne le sont
dans nos écoles modernes. Mais est-ce à dire pour cela
que les élèves fussent des jurisconsultes distingués, des
praticiens consommés, des grands hommes enfin, comme
le prétendait Justinien ? De pareilles recherches dépasse-
raient les limites de mon étude.

Je m'étais proposé d'étudier les origines de l'enseignement du droit et de le suivre pas à pas jusqu'à ce qu'il
eût atteint son plus haut perfectionnement. J'ai embrassé
dans leur ensemble les développements lents mais pro-
gressifs de cette science aux divers âges de l'histoire
romaine. Modeste et privé, l'enseignement est l'œuvre
des pontifes, public, il devient l'apanage de tous ceux que
le talent et l'étude appellent à la culture des connaissan-

ces juridiques. Les jurisconsultes et les professeurs contribuent puissamment au développement de cette science, Leurs ouvrages font grandir leur enseignement et inculquent aux élèves les véritables principes sur lesquels repose toute l'étude du droit.

Le droit a fondé et assis la grandeur de Rome, conciliant ensemble et dans les mêmes lois, les principes éternels de la liberté et ceux de la propriété, de l'autorité et de la juridiction, sans les fausser jamais, sans jamais les amoindrir. Les études juridiques ne durent leurs splendeurs qu'à la sévérité des mœurs, à l'austérité de la discipline qui régnait dans les écoles, au travail progressif des élèves et surtout aux profondes connaissances et aux talents des professeurs.

Je termine cette rapide étude, dans laquelle je n'ai pu qu'effleurer un immense sujet, omettant, malgré moi, bien des faits, bien des détails qui, assurément, eussent excité votre curiosité et mis à jour les côtés saillants de l'existence des étudiants romains, écoulée au sein de la société la plus prospère, la plus florissante et sans contredit la plus civilisée de l'antiquité.

.

www.ingramcontent.com/pod-product-compliance
Lightning Source LLC
Chambersburg PA
CBHW060452210326

41520CB00015B/3915